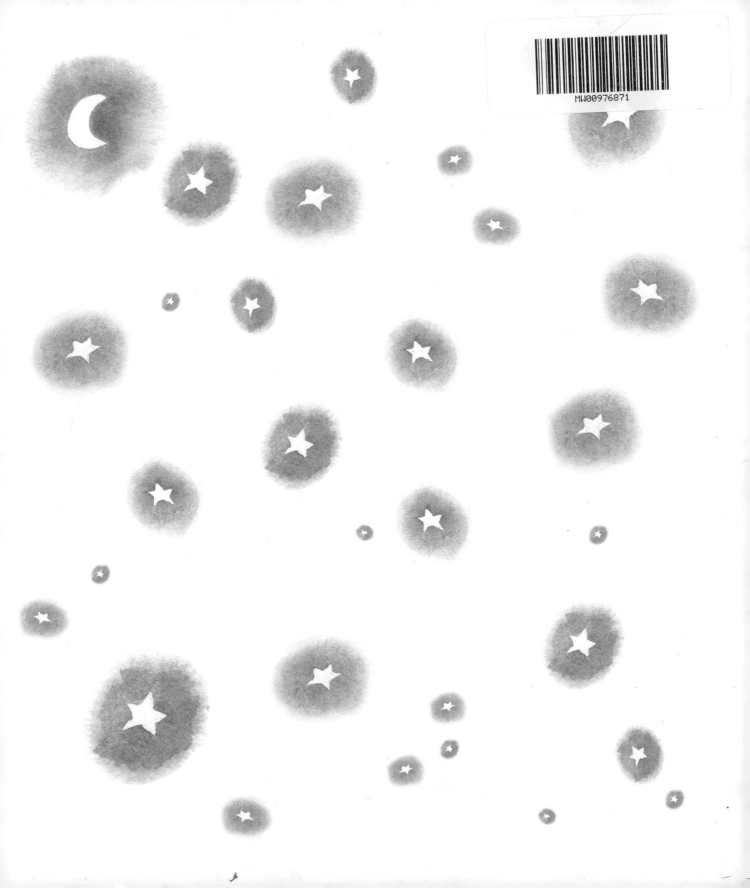

© 2007 por Grupo Nelson
Publicado en Nashville, Tennessee, Estados Unidos de América.
Grupo Nelson, Inc. es una subsidiaria que pertenece completamente
a Thomas Nelson, Inc.
Grupo Nelson es una marca registrada de Thomas Nelson, Inc.
www.gruponelson.com

Título en inglés: A Child's Book of Prayers
© 2007 por Anno Domini Publishing Services Ltd,
1 Churchgates, The Wilderness, Berkhamsted, Herts HP42UB
Texto © 2007 Sally Ann Wright
Ilustraciones © 2007 Honor Ayres
Directora editorial: Annette Reynolds
Editora: Nicola Bull
Director artístico: Gerald Rogers
Pre=producción: Krystyna Hewitt
Producción: John Laister

ISBN: 978–1–60255–013–1

Impreso en Singapur
Printed in Singapore
09 10 11 12 — 9 8 7 6 5 4

ESTE LIBRO PERTENECE A

_____

UN REGALO EN
OCASIÓN DE:

_____

_____

_____

CON AMOR DE

_____

FECHA

_____

Libro de
ORACIONES
para niños

Compilado por
Sally Ann Wright
Ilustrado por
Honor Ayres

GRUPO NELSON
Una división de Thomas Nelson Publishers
Desde 1798

NASHVILLE   DALLAS   MÉXICO DF.   RÍO DE JANEIRO   BEIJING

Prólogo

Este libro combina oraciones de alabanza y gratitud, oraciones para nosotros y para otras personas, oraciones que durante generaciones los creyentes han orado, junto a otras creadas para esta colección.

Las oraciones están agrupadas por tema. Algunas pueden ser utilizadas por adultos que oran por sus hijos, y otras son para orar con los niños. También hay oraciones para que los niños más grandes puedan orar solos a medida que aprenden a presentar ante Dios sus preocupaciones.

La primera sección alienta a los nuevos padres a pedir la ayuda de Dios mientras comparten el gozo y las responsabilidades de la crianza de los hijos, orando por sus bebés. Las demás secciones ayudan a los niños a compartir sus vidas con Dios, formando un corazón de amor hacia los demás y las necesidades de otras personas.

El libro puede usarse en casa, en la iglesia y en la escuela, y busca ayudar a los niños a centrarse en Dios, el Creador y sostenedor de todos nosotros, y a trabajar junto a Él mientras oramos.

Contenido

Un hijo, un regalo

Dios, Creador nuestro,

gracias por la maravilla de una nueva vida

y por el misterio del amor humano.

Gracias porque nos conoces por nombre

y nos amas desde toda la eternidad.

Ayúdanos mientras aprendemos sobre el gozo

y el desafío de ser padres, a vivir un día a la vez

y a confiar en que Tú proveerás a medida que

surja cada necesidad.

Adaptado del servicio anglicano de Acción de Gracias por el nacimiento de un niño

Señor, eres el autor y dador de todas las cosas buenas.
Gracias por este precioso regalo, un bebé,
para amar y nutrir, para cuidar y proteger.
Oramos, pidiéndote que Tu amor viva en
nosotros para que podamos guiarle con sabiduría,
disciplinarlo con amor y enseñarle con el ejemplo.
Que sepamos alentarle y afirmarle para que crezca hacia
su plenitud, para que llegue a ser la persona
que Tú quieres que sea.

Sally Ann Wright

Padre Celestial, te damos gracias por este regalo,
este bebé que nos confías.
Te pedimos que nos des paciencia y comprensión,
y la capacidad de guiar y perdonar para que a través
de nuestro amor él/ella pueda conocer Tu amor.
Rodéale con tu bendición para protegerle del mal y
para que conozca Tu bondad todos los días de su vida.

Del servicio anglicano de Acción de Gracias por el nacimiento de un niño

Señor Dios, Te alabamos y agradecemos todos
Tus dones.

Te damos gracias porque nos creaste, porque
nos diste el aliento de vida y la capacidad de amar
a nuestro prójimo como Tú nos amas.

Gracias porque nos permites compartir el gozo de
la creación en este regalo, nuestro bebé.

Adaptado del servicio contemporáneo de la tradición luterana

13

Bendícenos, querido Señor, y danos gracia para amar y criar a este niño. Danos sabiduría, paciencia y fe. Ayúdanos a proveer para sus necesidades, y por medio de nuestro amoroso ejemplo a revelarle el amor y la verdad que hay en Jesucristo.

Servicio anglicano de Acción de Gracias por el nacimiento de un niño

Gracias, Dios eterno, por la maravilla y el misterio de la vida, por la capacidad de compartir el amor los unos con los otros y por abrir nuestras vidas a este bebé. Que tu amor nos llene para que rebose en bendiciones para que nuestras vidas sean enriquecidas.

Adaptado de un servicio contemporáneo no denominacional

Padre Dios, cuida y bendice a este bebé. Que aprenda a amar todo lo que es verdadero, que crezca en sabiduría y fuerzas y con el tiempo llegue por medio de la fe y el bautismo a la plenitud de Tu gracia.

Servicio anglicano de Acción de Gracias por el nacimiento de un niño

Todopoderoso Dios, Señor del universo, todo amor, fuerza y entendimiento vienen de Ti. Bendícenos ahora con todo lo que necesitamos para criar a este precioso bebé, regalo Tuyo, y danos gozo en esta nueva creación.

Adaptado de un libro australiano de oraciones

Cuídala, Señor,
a la niña que amo.
Cuídala Señor,
desde Tu cielo.
Protégela del sufrimiento
y haz que sea amada.
Cuídala, Señor,
como me has cuidado a mí.

D.J. Morris

Oraciones de agradecimiento

Por esta nueva mañana y su luz,
Por el descanso y el refugio de la noche
Por la salud, la comida, el amor y los amigos
Por todos los dones que Tu bondad nos da,
Te damos gracias, Señor de gracia. Amén

Oración tradicional en inglés

¡Santo! ¡Santo! ¡Santo!
¡Señor Dios Todopoderoso!
Todas Tus obras alabarán Tu nombre,
en la tierra, el cielo y el mar,
Santo, Santo, Santo, misericordioso y potente,
Dios en tres personas, ¡bendita Trinidad!

Adaptación de Isaías 6:3, por Reginald Heber

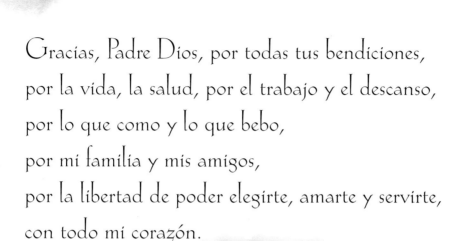

Gracias, Padre Dios, por todas tus bendiciones,
por la vida, la salud, por el trabajo y el descanso,
por lo que como y lo que bebo,
por mi familia y mis amigos,
por la libertad de poder elegirte, amarte y servirte,
con todo mi corazón.

Rhona Davies

Gracias, Señor Jesús, por mi casa y mi familia,
por la comida que como y por mi camita tibia donde
duermo por las noches.
Por favor, cuida a los niños que no tienen ninguna de
estas cosas, y protégelos esta noche.

Sally Ann Wright

Gracias, Señor, porque estás aquí conmigo,
porque Tu amor me rodea,
y por el regalo de un nuevo día.

Sally Ann Wright

Alabemos a Dios por todas sus bendiciones,
alabemos a Dios por todas sus criaturas aquí abajo,
alaben a Dios en el cielo, ustedes huestes celestiales,
alabemos al Padre, al Hijo y al Espíritu Santo.

Obispo Thomas Ken

23

Gracias, Padre Dios, porque me creaste y
porque soy especial para Ti.
Gracias porque me conoces tan bien.
Sabes cuándo me despierto, y cuándo me duermo.
Sabes cuándo estoy en casa y cuándo salgo.
Sabes cuándo estoy feliz y cuándo estoy triste.
Sabes cuándo estoy a solas y cuándo tengo
muchos amigos.
Sabes cuándo algo me enoja o me molesta,
y sabes cuándo soy amable con los demás.
Gracias porque me conoces, y me amas igual,
tal como soy.

Sally Ann Wright

Gracias, Dios, por el mundo que creaste.

Por el calor del sol,

por la lluvia que hace crecer las plantas,

por los bosques y los campos,

por el mar y el cielo,

por las flores, los árboles y los animales,

por las familias, los amigos y las vacaciones,

gracias por tantos regalos,

¡Gracias, Dios!

Sally Ann Wright

Dios Creador, gracias por las mascotas,
por los amigos especiales con quienes nos
gusta tanto jugar:
por los gatitos peludos y los perritos juguetones,
por los hámsteres que corren en las ruedas y los
conejos con largas orejas.
Ayúdanos a recordar que siempre tenemos que cuidarlos
bien, porque son parte del mundo que Tú creaste.

Bethan James

Familia y amigos

Por favor, Dios, cuida a toda mi familia.
A los que están en casa y a los que están fuera,
Cuídalos a todos, en este día.

Bethan James

Bendice nuestro hogar,
querido Señor.
Enséñanos a amarnos bien,
a ayudarnos y a perdonarnos,
como Tú nos perdonas también.

Sally Ann Wright

Gracias, querido Dios, por mi mamá,

que me ama y me cuida.

Gracias, querido Dios, por mi papá,

que me ama y me cuida.

Ayúdame a portarme bien, a obedecerles

y a aprender lo que me enseñan,

y a amar a mis padres tanto como ellos

me aman a mí.

Bethan James

Gracias, Padre Dios, por las familias: por las mamás y

los papás, por los hermanos y las hermanas,

por los primos, tíos, tías, abuelos y abuelas.

Ayúdanos a amarnos y cuidarnos los unos

a los otros, y a que hoy, en especial,

seamos buenos con todos.

Sally Ann Wright

Padre Dios, Tu Hijo Jesús
vivió con su mamá y el esposo de ella.
Conoció el amor de una familia humana,
sabía que a veces hay discusiones y desacuerdos,
que a veces las personas se enojan,
que a veces las personas están tristes.
Padre Dios, bendice nuestro hogar,
y ayúdanos a vivir juntos en Tu amor.
Ayúdanos a servirte y a ayudarnos
los unos a los otros, y a hacer que todos los
que necesitan de nuestra ayuda
se sientan bienvenidos.

Rhona Davies

Vida cotidiana

Dios Padre,

gracias porque dormimos y porque nos

cuidaste durante la noche.

Gracias por una nueva mañana, porque

estamos sanos y fuertes.

Señor, acompáñanos durante este día

mientras trabajamos, comemos y jugamos.

Y llena nuestros corazones de amor,

por todos y todo lo que nos rodea.

Adaptado de una oración para la mañana

Jesús, amigo de los pequeños,
sé mi amigo también,
toma mi mano y quédate
siempre a mi lado.

Walter J. Matham

Padre Dios,

Cuando digo cosas feas me siento triste.

Y cuando hago cosas que ponen triste a otro

me siento peor.

Por favor, ayúdame a pedirles perdón y a

portarme mañana mejor.

Bethan James

Todopoderoso y eterno Dios,
gracias porque me cuidaste y protegiste
hasta este nuevo día que comienza ahora.
Cuídame, para que no piense ni haga
cosas malas, y para que no me acerque
al peligro.
Ayúdame en todo lo que haga
y guíame, para que siempre haga
las cosas que te agradan.

Adaptado de una oración para la mañana

Sé que mis amigos me aman.

Sé que mi familia me ama.

Sé que Tú me amas, Señor.

Pero no puedo amarme a mí mismo

porque sé cómo soy por dentro.

Por favor, llévate mis malos pensamientos

y haz que la persona egoísta que soy,

sea alguien más buena, y mejor,

que se preocupe más por los demás,

y no tanto por sí misma.

Sally Ann Wright

Cristo conmigo, Cristo dentro de mí,
Cristo tras de mí, Cristo en mí,
Cristo debajo de mí, Cristo sobre mí,
Cristo a mi derecha, Cristo a mi izquierda,
Cristo para consolarme y restaurarme,
Cristo en la calma, Cristo en el peligro,
Cristo en el corazón de todo quien me ama,
Cristo en la boca de todos, amigos y extraños.

La coraza de St. Patrick

Señor Jesús,

El viento y las olas te obedecen.

Haces que los sordos oigan.

Haces que los ciegos vean.

Haces que los paralíticos caminen.

Haces que los muertos vivan.

Ayúdame a obedecerte,

a escucharte,

a verte en los que están a mi alrededor,

a caminar allí donde quieres que vaya,

a dar mi vida para servirte sirviendo

a los demás.

Sally Ann Wright

Señor, haz de nosotros un instrumento de tu paz,
allí donde haya odio, que pongamos amor,
allí donde hay ofensa, que pongamos perdón,
allí donde haya discordia, unión,
allí donde hay duda, fe,
allí donde hay desesperanza, esperanza,
allí donde hay oscuridad, luz,
allí donde hay tristeza, gozo.
Por Tu misericordia y Tu verdad.

San Francisco de Asís

Señor Jesucristo, te damos gracias,

por todo lo que ganaste para nosotros.

Por el dolor y los insultos que sufriste por nosotros.

Misericordioso redentor, amigo y hermano,

haz que Te conozcamos mejor,

que Te amemos más y más,

y que Te sigamos más de cerca,

cada día.

Adaptación de la oración de Richard of Chichester—1253

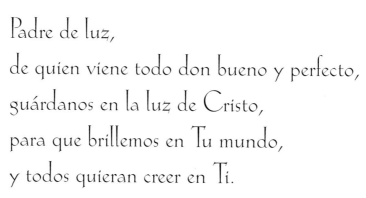

Padre de luz,

de quien viene todo don bueno y perfecto,

guárdanos en la luz de Cristo,

para que brillemos en Tu mundo,

y todos quieran creer en Ti.

Basado en Santiago 1.17

Oh, Señor, Dios nuestro,
danos la gracia de desearte con todo el corazón,
para que al desearte, Te busquemos
y Te encontremos,
y que al encontrarte, Te amemos,
y que al amarte, odiemos esos pecados
de los que nos libraste,
por medio de Jesucristo, nuestro Señor.

Anselmo—1109

Oh, Padre santo y lleno de gracia,

danos sabiduría para percibirte,

diligencia para buscarte,

paciencia para esperar por Ti,

ojos para verte,

un corazón para meditar en Ti,

y una vida para proclamarte,

Por medio del poder

del Espíritu de Jesucristo, nuestro Señor.

Benedicto de Nurcia—c. 550

Dar las gracias antes de comer

Por la comida que hay en este plato
Por la bebida que hay en este vaso,
¡Gracias, Señor!

Oración tradicional

Oh, Dios, Tu amor generoso nos rodea
y todo lo que disfrutamos viene de Ti.

Libro de servicio metodista

Por lo que vamos a recibir, que el Señor nos haga
sentir agradecimiento por medio de Jesucristo,
nuestro Señor.

Tradicional

Tuya Señor es la grandeza,
Tuyo el poder, la gloria y majestad,
porque todo lo que tenemos viene de Ti.

Basado en 1 Crónicas 29.11

Todas las cosas buenas,
vienen del cielo.
Demos gracias al Señor,
Gracias, Señor
por todo Tu amor.

Matthias Claudius

Bendito eres Señor Dios de toda la creación,
por darnos todo lo que necesitamos comer este día.

Sally Ann Wright

Por esta y todas Sus misericordias,
bendito y alabado sea el santo nombre de Dios,
por Cristo, nuestro Señor, Amén.

Tradicional

El mundo que nos rodea

El mar que salpica,
el cielo grande y azul,
las piedras que brillan,
el pasto tan verde.
La arena para jugar,
los caracoles tan lindos...
¡Gracias, Dios!
Tú hiciste todo eso.

Sally Ann Wright

Gracias, Dios, por este mundo que hiciste,
Gracias, Dios, por la comida que nos diste,
Gracias, porque los pájaros cantan.
Gracias, Dios, por todo lo que me encanta.
Amén.

Edith Rutter Leatham

Las mariquitas con lunares,
los caracoles espiralados,
Las arañitas pequeñas, las abejas que
zumban.
Las babosas con su caminito plateado,
los gusanitos que bailan,
los ciempiés con tantas patitas,
Tantos bichitos, con largas colitas,
¡Gracias, Dios, por haberlos creado!

Bethan James

Gracias, Señor, por la brisa de primavera,

y por el sol del verano.

Gracias, Señor, por las semillas que germinan,

y por las plantas que crecen,

Gracias, Señor,

por el viento del otoño y la nieve del invierno.

¡Gracias, gracias, Señor!

Sally Ann Wright

Dios Creador, que hiciste el mundo
y viste que era bueno.
Hiciste la luz y la oscuridad,
los ríos, los arroyos y las montañas,
el sol, la luna, las estrellas y los planetas,
los árboles tan altos, las florcitas pequeñas,
los peces plateados y los insectos que vuelan,
los pájaros, los animales, con rayas, con pelo,
con manchas y colores.
Todo es tan bueno y hermoso.
Ayúdanos a cuidarlo.

Rhona Davies

Querido Padre, oye y
bendice,
a tus animales y tus pájaros,
y guarda con Tu ternura
a las cosas pequeñas
que no saben hablar.

Tradicional

Oremos por los demás

Señor Jesús, Tú eres el Buen Pastor.
Me cuidas y me proteges.
Señor Jesús, Buen Pastor,
cuida hoy de mi familia y de mis amigos.

Bethan James

Padre amoroso,

por favor cuida a todos los que no están bien.

Consuela a los que sufren,

a los que están preocupados o tristes.

Dale paz a los que son ancianos o tienen miedo.

Ayúdanos a amar y ayudar a nuestras familias,

a ser amables con todos

y generosos con los que necesitan

de nuestra ayuda.

Rhona Davies

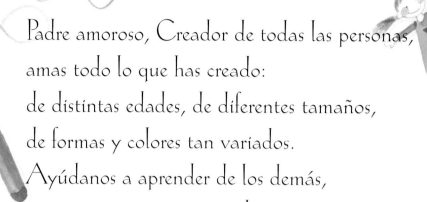

Padre amoroso, Creador de todas las personas,
amas todo lo que has creado:
de distintas edades, de diferentes tamaños,
de formas y colores tan variados.
Ayúdanos a aprender de los demás,
a compartir y a amar a todos.

Bethan James

Ayúdame, Señor, a amar a mi familia.
Ayuda a mi familia a amar a las personas que conocen.
Ayúdanos a todos a amar a los que viven en otros
países.
Ayuda a todos los países del mundo
a amarse y a vivir en paz, todos juntos.
Señor, comienza por mí.

Sally Ann Wright

Ayuda a Tu mundo, Padre Dios,
porque hay gente que sufre.
Hay quienes perdieron sus casas,
quienes perdieron a sus familias,
hay gente que tiene hambre,
y hay gente que sufre o muere.
Por favor, consuela y ayuda a cada uno,
y ayúdanos a compartir nuestro dinero,
nuestra comida, nuestro amor, nuestras oraciones
para ayudar a los que necesitan.

Rhona Davies

Padre Celestial, oramos pidiendo paz en Tu mundo.

Donde la gente pelee, llévate su odio.

Donde la gente odie, llénalos con amor,

donde la gente sufra, dales Tu paz,

donde la gente llore, dales consuelo y esperanza.

Sally Ann Wright

Cristo no tiene en la tierra más cuerpo que el nuestro,
no tiene más manos que las nuestras, ni pies que no
sean los nuestros.
Nuestros ojos son los que tiene que usar Cristo
para mirar al mundo con Su compasión.
Nuestros son los pies con los que irá caminando
haciendo el bien.
Nuestras son las manos que Él usará para bendecir a todos.
Danos entonces, Señor, cuerpos dispuestos,
ojos que vean la necesidad de los demás,
manos y pies que quieran servirte ahora.

Adaptado de la oración de Santa Teresa

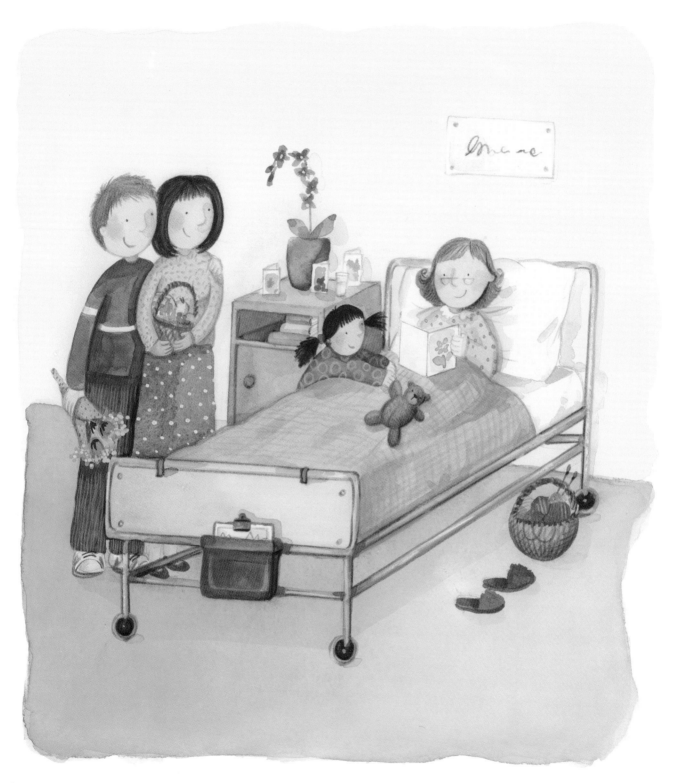

Oraciones para ocasiones especiales

¡Tenemos un nuevo bebé! ¡Padre Dios, el bebé ha llegado!

Se ve raro, huele raro,

y solo come y duerme.

¡Y hace tanto ruido!

Gracias, por esta nueva personita que llegó

a nuestro hogar,

para que podamos amarlo y cuidarlo.

Bethan James

¡Hoy es mi cumpleaños!
Tengo un año más.
¡Y hay tantas sorpresas!
Gracias, Dios,
por las tarjetas y el pastel,
por los regalos y la fiesta.
Y más que nada, gracias por
mi familia y mis amigos
que me aman y me cuidan,
y que harán que hoy sea mi día especial.

Bethan James

Hace mucho tiempo, María puso a su bebé en un pesebre.

Gracias, Dios, porque hoy podemos conocerle.

Hace mucho tiempo, los ángeles cantaron
porque había nacido Jesús.

Gracias, Dios, porque hoy podemos adorarle.

Hace mucho tiempo, los pastores
corrieron a ver a su Salvador.

Gracias, Dios, porque hoy podemos servirle.

Hace mucho tiempo, los Reyes Magos
le llevaron regalos a Jesús.

Gracias, Dios, porque hoy podemos amarle.

Sally Ann Wright

Gracias, Dios Padre, ¡gracias por la Navidad!

Gracias por el regalo de Jesús,
nuestro amigo, nuestro Salvador y nuestro rey.

Bethan James

Señor Jesús,
eras un bebé pequeñito
en un pesebre de Belén.
Creciste y fuiste un hombre
que ayudaba a los enfermos,
a los tristes, a los que estaban solos.
Y nos enseñaste a amar
a los demás como los ama Dios.
Gracias, Señor Jesús.

Sally Ann Wright

Que el gozo de los ángeles,
la maravilla de los pastores,
y la paz de Jesucristo
llene nuestros corazones esta Navidad.

Tradicional

Que este Nuevo Año sea
un comienzo para nuestra familia,
querido Dios.
No podemos ver qué cosas,
buenas o malas, vendrán.
Ayúdanos a agradecerte por las cosas buenas,
a confiar en Ti cuando haya dificultades,
y a pedirte ayuda en todo lo que pase.
En este comienzo de un nuevo año, Señor,
escucha nuestra oración.

Rhona Davies

Oh, Dios Padre,

por favor cuida nuestro mundo

en este año que comienza.

Gracias por el mensaje de paz

que la Navidad trae a nuestro mundo.

Donde hay guerra, que haya paz.

Donde hay odio, que haya amor.

Donde hay tristeza, que haya gozo.

Donde hay sufrimiento, que haya esperanza.

Hoy que comienza un nuevo año, Señor,

escucha nuestra oración.

Rhona Davies

Gracias, Señor Jesús,

porque la tristeza de Tu muerte cruel

el Viernes Santo, tiene un final feliz.

Gracias, Señor Jesús,

porque moriste para que fueran perdonados mis pecados.

Gracias, Señor Jesús,

porque resucitaste de entre los muertos

para que un día yo pueda vivir contigo en el cielo.

¡Gracias, Señor Jesús!

Sally Ann Wright

Querido Padre Dios,

Jesús vino a servir, para enseñarnos a amar,

murió en una cruz, para que pudiéramos vivir.

Enséñame a pensar primero en los demás,

a ver sus necesidades, antes que las mías.

Rhona Davies

Por el mar tan salado
y los cielos soleados,
por las montañas y campos para pasear,
porque puedo descansar y jugar.
¡Gracias, Dios, por las vacaciones!

Bethan James

Dios, por favor cuídanos.

Señor Jesús, sé nuestro amigo fiel.

Espíritu Santo, guíanos en todo lo que hagamos.

Bendícenos y protégenos hasta que

volvamos sanos y salvos a casa

al terminar nuestro viaje.

Adaptado de la bendición del viajero

Dios Creador, Señor de todo el mundo,

gracias por darnos tanto para disfrutar.

Gracias por los lugares nuevos para ver,

por los paisajes, la gente,

la comida y las cosas que vemos.

Por el tiempo para conocer gente,

y para hacer amigos nuevos.

Creador, Dios y Señor de todo el mundo,

gracias por darnos tanto para disfrutar.

Sally Ann Wright

Gracias, buen Señor, porque envías la lluvia y el sol,
por la cosecha y por hacer que las plantas crezcan.
Gracias por los que cosechan el grano,
por los que lo muelen para hacer la harina,
por los panaderos que hacen el pan,
por los almaceneros que nos venden la comida.
Gracias, buen Señor, por todo lo que nos das.

Sally Ann Wright

Que Dios, que viste a las flores del campo,

y alimenta a los pájaros del cielo,

que lleva a las ovejas a pastar

y a los ciervos a beber agua,

que nos viste, nos alimenta, nos guía,

nos transforme para que seamos más

parecidos a nuestro amoroso Creador.

Basado en una bendición del libro anglicano de adoración

Oraciones para antes de dormir

En Tu amoroso cuidado,
en Tu protección,
Tú que estás en todas partes,
guárdanos, Señor.

Tradicional

Dios en mi cabeza y en mis pensamientos.
Dios en mis ojos, y en mi mirada.
Dios en mi boca, y en mis palabras.
Dios en mi corazón, y en lo que siento.
Dios en mi fin, y en mi partida.

Sarum Primer

Antes de que termine el día,
Creador del mundo, Te pedimos,
que Tú, con Tu amor tan fiel,
nos guardes y protejas mientras dormimos.
Que de las pesadillas defiendas nuestros ojos,
y que nos apartes del miedo y el terror de la noche.

Adaptado de una oración vespertina

Quédate conmigo, Padre, porque anochece,
y el día está llegando a su fin.
Quédate conmigo y con todos los que Te aman,
en la noche del día,
la noche de la vida,
la noche del mundo,
quédate conmigo y con todos los que Te aman,
ahora y en la eternidad.

Adaptado de una oración vespertina

Querido Señor,
cuida a todos los que están despiertos
o llorando esta noche.
Que los ángeles cuiden a quienes duermen.
Cuida a los que están enfermos,
y da descanso a los que están cansados,
ayuda a los que están muriendo,
y da esperanzas a los que sufren.

Adaptado de la oración de San Agustín

Ilumina nuestra oscuridad,

Señor, Te pedimos,

y en tu gran misericordia

defiéndenos de los peligros de esta noche,

por el amor de Tu único Hijo,

nuestro Salvador, Jesucristo.

Adaptado de una oración vespertina

Que Dios Padre nos cuide y nos guarde,

que el Señor Jesús sea nuestro amigo fiel,

y que el Espíritu Santo nos guíe en todo lo que hagamos.

Tradicional

Oh, Dios, que nos proteges,

que conviertes el día en noche,

y nos devuelves la luz,

por favor cuídanos ahora,

porque solo Tú nos puedes defender,

y solo Tú nos puedes dar la paz que dura

para siempre.

Amén.

Adaptado de una oración vespertina

Oh, Dios,

de donde viene todo buen deseo,

de todo lo que es bueno y justo,

dame ahora esa paz que solo Tú puedes dar,

para que yo quiera obedecer Tus mandamientos

y pase esta noche descansando y en calma.

Amén

Adaptado de una oración vespertina

Que Dios nos dé una noche en paz,

y que al final, nos dé un final perfecto

y la bendición de Dios Todopoderoso,

Padre, Hijo y Espíritu Santo,

esté con nosotros, esta noche y para siempre.

Adaptado del Libro de Oraciones Comunes
según la Iglesia de Canadá

Bendiciones

Por favor, Dios
Tu bendición cuando camino,
Tu bendición cuando hablo,
Tu bendición cuando juego,
Tu bendición cuando oro,
Tu bendición cuando como,
Tu bendición cuando duermo.
Tu bendición cada minuto
del día y la noche, te pido.
Amén.

Christine Wright

Apenas salga el sol,
que Dios te bendiga.
Cuando termine el día,
que Dios te bendiga.
Cuando sonrías, cuando llores,
que Dios te bendiga.
Cada día de todos tus años,
que Dios te bendiga.

Adaptado de una bendición irlandesa

Que Dios bendiga a todos los que amo,
que Dios bendiga a todos los que me aman,
que Dios bendiga a todos los que aman
a los que amo,
y a todos los que aman a los que me aman.

De un libro de oraciones de Nueva Inglaterra

Que la paz de Dios,

que sobrepasa todo entendimiento,

guarde nuestros corazones y mentes,

en el conocimiento y amor de Dios,

y de Su Hijo Jesucristo, nuestro Señor,

y la bendición de Dios Todopoderoso,

Padre, Hijo y Espíritu Santo,

sea con nosotros siempre.

Libro de oraciones comunes

Que el Señor nos bendiga y nos guarde.
Haga el Señor resplandecer Su rostro
sobre nosotros,
y nos dé Su gracia,
que el Señor vuelva Su mirada hacia nosotros,
y nos dé la paz
y la bendición de Dios Todopoderoso,
Padre, Hijo y Espíritu Santo,
esté con nosotros hoy y siempre.

Basado en Números 6.24–26

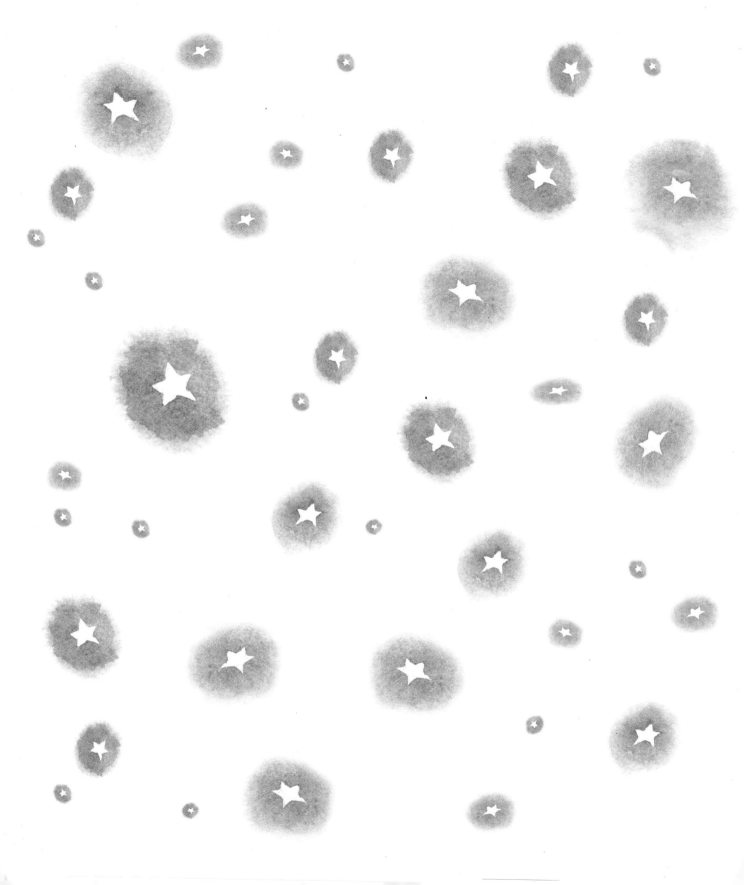